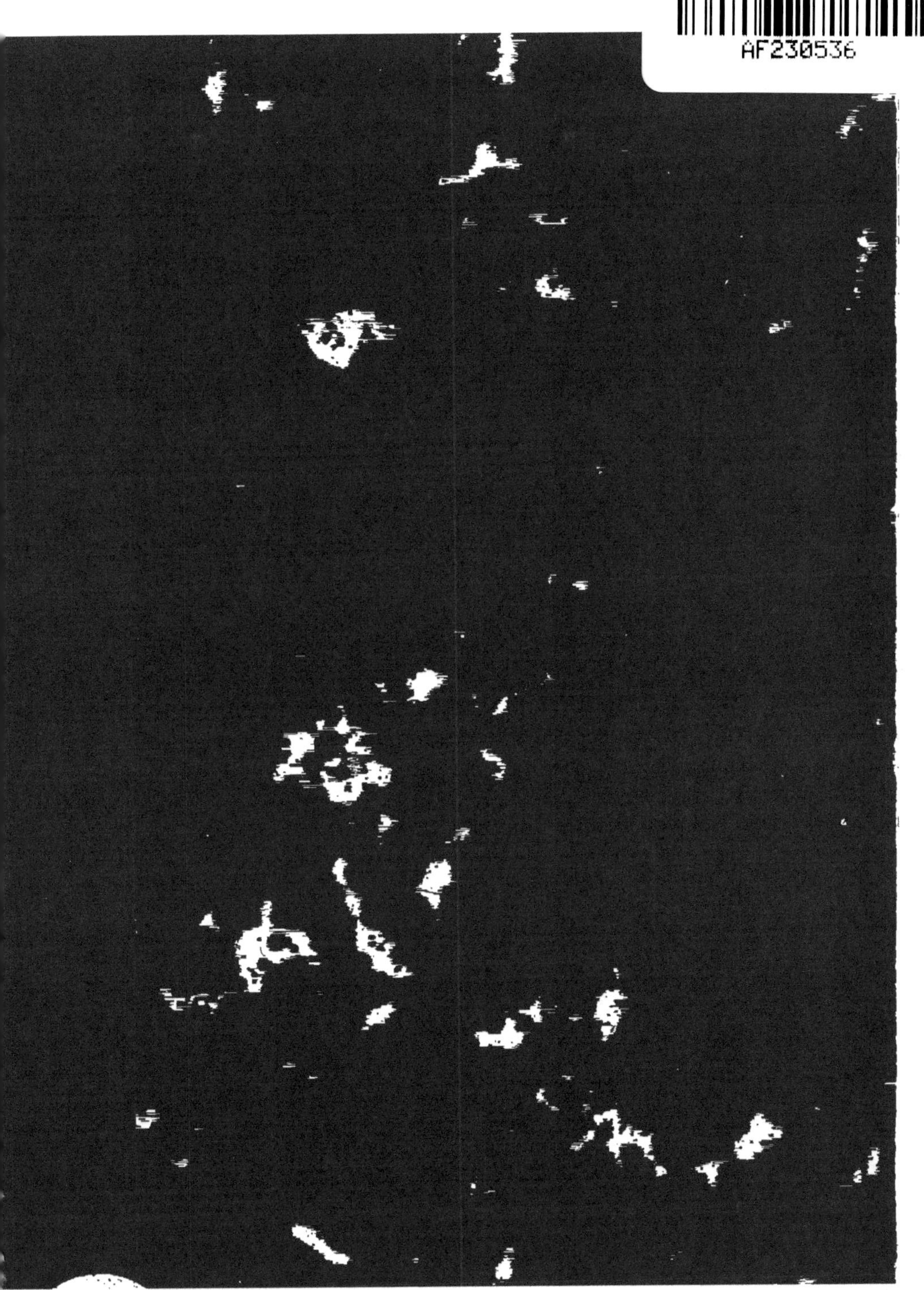

27
L n. 20764.

(Par Jean-Henri Marchand,
d'après Barbier.)

TESTAMENT

POLITIQUE

DE M. DE V***,

TESTAMENT

POLITIQUE

*DE M. DE V***.*

A GENÈVE.

1778.

TESTAMENT

POLITIQUE

DE M. DE V***.

JE crois fermement que j'ai une Ame immortelle, & je la recommande à l'Etre Suprême & Infini qui me l'a donnée. Je le supplie de la rappeller dans son sein.

Je me recommande pareillement aux Saints du Paradis dont j'ai trop peu préconisé le culte. J'invoque particulierement S. François, dont j'ai eu le malheur de ridiculiser l'Institut, & S. Dominique, dont j'ai quelquefois outragé la pieuse intolérence. Heureusement la rancune n'habite point dans *le Paradis*. C'est un séjour de paix, où les Moines même pardonnent.

A

Ô éternité, éternité ! les organes des mortels font trop faibles & trop bornés pour te comprendre. Après avoir vécu couverts d'un voile épais, nous devons trembler au moment où la vérité formidable eft prête à fe découvrir. Les lumieres de l'Efprit font un don qui aggrave nos comptes en préfence d'un Juge févere. Plus heureux cent fois dans ces inftans redoutables, les pauvres d'efprit. La terre en eft femée, & ils fe rendraient fupportables fi leur ignorance n'avait pas la préfomption de vouloir durement décider. Je n'ai jamais regretté jufqu'à préfent de n'avoir pas augmenté leur nombre ; mais je commence à foupçonner que j'en aurais peut-être été plus heureux dans cette vie & dans l'autre.

Fortunés imbéciles, dociles & fimples automates, j'implore vos inftances auprès d'un Dieu miféricordieux qui m'avait donné de trop ce que pour votre bien il vous avait retranché. Il eft notre Pere commun, & rien ne fe dérobe à fes connaiffances auffi vaftes que les nôtres font exiguës. Ses graces & fes reffources

(3)

font infinies, & il s’eft toujours plû à
répandre fes bienfaits fur les chétives
créatures qu’il a animées de fon foufle,
après les avoir tirées du néant. Homme fuperficiel, vafe d’argile, le raifonnement n’eft pas de ton reffort; il t’é-
gare au-delà des bornes étroites qui te
font affignées. C’eft d’après ces réfle-
xions que je ne crains pas de me mon-
trer tel que je fuis, & tel que j’ai été.

Paris m’a vu naître fur la fin du XVII:
fiécle. D’honnête gens m’ont donné la
naiffance. La Cour du Palais a été mon
berceau, & le Collége des Jéfuites a été
mon premier Licée.

Je fuis né pour la gloire. J’ai conftamment vécu pour elle, & je l’ai avidement cherchée fans partage dans tous les
pays où j’ai cru qu’elle pouvoit habiter.
Je l’ai fouvent faifie, & quelquefois elle
m’eft échappée, mais fans humeur & en
fouriant à mes efforts pour la retenir.

Loin d’accufer la nature de m’avoir
traité en marâtre, je l’ai fans ceffe re-
merciée d’avoir été pour moi une mere
bienfaifante; & pour répondre à fon vœu

préfumé , j'ai fait mon poffible pour atteindre à tous les genres de connoiffances. J'en ai trouvé de dociles & d'autres rebutantes. Le naturel n'a jamais eu befoin chez moi de plier fous le faix d'une application accablante , j'ai élagué les vaines diftinctions & les fyftêmes qui n'en impofaient que par une obfcurité impénétrable. J'ai préféré la réalité des chofes au vuide des mots. Les anciennes rêveries philofophiquesne m'ontparu que des entraves pefantes , deftinées à mettre fans aucun fruit l'efprit humain à la torture : avec un goût inné pour la franche liberté, j'ai cherché à fecouer ce qui reffentait la gêne & la fervile dépendance.

Bayle , Locke , Shfstbury & Bolingbrocke , ont d'abord captivé mon admiration : j'en ai fait mes favoris ; & je me fuis familiarifé avec eux , parce qu'ils me paraiffaient avoir plus d'efprit que la multitude des Cafuiftes.

Les neuf Mufes ont reçu & agréé fucceffivement mon hommage. Clio a amufé mon enfance, & Melpomene a goûté les prémices de ma virilité précoce.

Corneille était le pere du Théâtre Français, & je projettais d'en être le réformateur. La captivité fut le prix de mes premiers essais Lyriques, & mes lauriers verdirent à l'ombre des murs de la Bastille. C'est-là qu'on vit éclore le germe de ma célébrité. Un pareil trait a annobli l'histoire de plus d'un Héros en tout genre.

Un grand Prince, Régent du Royaume, & ami des Arts, admira ma verve naissante, & il l'aurait craint, s'il eût été timide.

Je me suis appliqué, dès ma jeunesse, à acquérir les plus illustres Amis, & mon nom a volé de bonne heure d'un pôle à l'autre sur les aîles blanches & noires de la renommée.

Mes travaux ont nourri les Comédiens, qu'il est difficile d'enrichir : les Libraires se sont engraissés de mes veilles ; j'ai versé à pleines mains des bienfaits sur les petits Auteurs & sur les Candidats, mais la plûpart ont été des serpents réchauffés dans mon sein. Leurs piquures m'ont perpétuellement aiguillon-

né, & je ferais mort mille fois, fi leurs
dards euffent été plus forts, ou fi des do-
fes fréquentes d'orviétan ne m'avaient
garanti de leur poifon, auquel à la fin il
a fallu m'accoutumer, comme un fecond
Mithridate ; mais fi je n'en fouffre pas jufqu'à en mourir, ma fenfibilité aux coups
d'aiguillon eft toujours la même, & me
caufe encore des convulfions violentes.

Senfible à l'aveuglement & à l'ingra-
titude dont je foupçonnais ma Nation,
j'ai voulu voir de près des hommes qu'on
me peignait comme toujours difpofés à
prodiguer aux grands talens les tréfors
qu'ils recueillent par leur induftrie. L'Angleterre m'accueillit & me frappa : j'y vis
la licence fermenter dans le fein de vapeurs noires. La hardieffe des idées me
plut : je faifis quelque portion du goût
& de l'enthoufiafme dominant ; mais re-
buté de la fomme du mal, équipolente au
moins à celle du bien, je quittai cette
terre mélangée, & je me bornai à emporter en contrebande quelques-unes de
fes moximes pour les faire fructifier fur
un fol moins dévorant.

Un grand Roi, Amateur du merveilleux, crut, fur ma réputation, devoir m'appeller auprès de fa perfonne.
L'on eft rarement Prophete dans fon
Pays, ainfi je profitai d'une occafion de
m'approcher d'un Prince juftement admiré. J'efpéräis punir par mon éloigne-
ment une ingrate Patrie, éclairer une Nation étrangere, & fixer la confiance d'un
Monarque Philofophe : les faveurs, les
dignités m'affaillirent en foule : l'attache-
ment, les graces, la familiarité d'un Héros m'éleverent au-deffus de moi-même,
& je jouiffais d'un triomphe defiré ; mais
la Jaloufie, ce monftre ardent à me perfé-
cuter, vint encore me rélancer jufqu'aux
pieds du trône. Les Français portent
leur caractere partout, & mes propres
compatriotes irriterent contre moi le fiel
de l'Envie. Mon ame chatouilleufe ne
put réfifter aux affauts réitérés dont on
voulait me rendre la victime : le dépit
réciproque s'en mêla. Je fus forcé de
fuir en fecouant la pouffiere de mes pieds.
Les dragées que le Prince m'avait prodi-
guées fe changerent en chicotin, & ma

pauvre Niece, quoique fort étrangere à ces diffentions, en partagea l'amertume & fut accablée de naufées.

Paris devait m'offrir un afile comme à un de fes enfans diftingués : j'y avais un établiffement. Une charge honorable m'attachait particulierement à mon Maître ; mais on voulut traiter de mon retour par négociation, comme de Couronne à Couronne; l'on fembla croire que l'efprit faifait des potentats comme la naiffance. Ces raifons ne prirent pas, & je crus devoir fuivre le parti le plus fûr. Des ennemis ouverts & cachés avaient eu l'art de rendre ma Religion fufpecte au Monarque. Des écrits hétérodoxes m'avaient été attribués, le Parlement les avait flétris, brûlés, & fes Arrêts fulminants femblaient m'avoir fermé pour jamais les portes du Royaume ; je me crus donc rendu à moi-même, & je me déterminai à aller établir mon fiége dans un Pays où la liberté, mon amie, avait fixé le fien. Le Pays Helvétique où le luxe eft profcrit, où regne l'égalité, me parut s'accorder avec l'indépendance néceffaire à un génie dégagé des préjugés & des opinions morales, ou politiques dont on fait une loi abfolue. Je crus qu'un efprit lumineux devait être le Citoyen du monde entier. Ses élans, felon moi , pouvaient l'affranchir des loix générales qui font propres à chaque territoire circonf-crit : ainfi j'eus le tort de me perfuader qu'un mortel tranfcendant acquérait de la gloire en fe rendant un courageux martyr de l'imagination ; je crus qu'ani-mé d'un zèle intrépide & le flambeau à la main, un efprit plus qu'ordinaire devait fe facrifier lui-même pour illuminer le monde , aux rifques de le réduire en com-buftion , & de brûler les yeux de ceux qu'on fe propofait d'éclairer.

Je choifis Genêve pour m'y fixer dans un domicile commode que je m'appro-priai ; je m'y procurai les douceurs d'une vie paifible & variée. Je m'y vis recher-ché , & careffé par les Mufes ; mais les petites chofes échappent aux Grands Hom-mes. Je n'avais pas fait réflexion que ce Pays de réformation fe gouverne fuivant le régime d'un Séminaire auftere : les Loix

fomptuaires y font en vigueur ; les Spec-
tacles y font interdits , les portes de la
Ville s'y ferment comme dans un Cou-
vent, & le ton y eft d'un rigorifme voi-
fin de la Pédanterie : je ne tardai donc
pas à foulever le cri général par des re-
préfentations Académiques dont je vou-
lus être chez moi le créateur. Cet air de
diffipation fut réputé contagieux pour la
jeuneffe du canton. Les plaintes fermen-
terent d'abord fourdement par une raifon
toute fimple. Ma réputation parlait en
ma faveur, & ma célébrité attirait dans
le Pays un concours d'Etrangers qui ve-
naient y répandre l'argent , ame néceffaire d'un Pays pauvre : mais la mine
éclata. Je fus foupçonné d'avoir figuré
tout bas dans des conteftations dogmati-
ques : on me texa d'avoir un efprit in-
quiet , une Philofophie remuante , & dès-
lors la Haine prit fon effor. L'on ren-
contre par-tout des turbulents , des hy-
pocrites, des phrénétiques : l'on empoi-
fonna mes délices ; & fatigué de tracaffe-
ries , je crus devoir me fouftraire à la do-
mination d'un Peuple méchanique , que

l'intérêt gouverne & que la Religion
rend fauvage.

J'avais fait l'acquifition d'une terre
moitié Françaife & moitié Etrangere.
J'avais imité en cela les Houfards qui, à
la faveur d'un manteau d'une couleur
& doublé d'une autre, ont l'art de le re-
tourner fuivant l'occurrence pour trom-
per l'ennemi auquel ils ont à faire. Ma
vieilleffe anticipée s'aggravait dans le fein
du repos, de la Littérature & de la gaieté :
je reffufcitai des fujets badins & volup-
tueux, efquiffés dans ma jeuneffe : je dé-
cochais des traits perçans à mes ennemis : j'encenfais l'amitié ou la beauté,
ou bien, femblable à un homme affis fur
un tas de pierres, j'en diftribuais à droite
& à gauche à ceux qui me blâmaient ou
m'invectivaient : j'étais intariffable & ma
fertilité faifait que je m'envifageais moi-
même avec complaifance, comme le Patriarche défigné de la Littérature Nation-
nale : j'ambitionnais également de furvi-
vre à ma propre réputation, par le caractere de la bienfaifance, par des maxi-
mes héroïques, par des fentences ma-

ftueufes, & par la fupériorité des Drames. J'aurais été admis, fi je l'euffe voulu, dans toutes les Académies du monde
entier, mais j'ai toujours cru que la mul-
tiplicité des titres qu'on acquiert à bon
marché, n'ajoutait rien au mérite d'un
fujet ; la nouveauté feule me plaifait &
j'ai defiré aller plus loin qu'un autre. J'ai
ambitionné de créer une Orthographe :
je defire qu'on l'adopte pour la commo-
dité des Etrangers & qu'elle me furvive
en tout Pays : j'ai fait plus d'Ouvrages
que mes trente-neuf Confreres enfemble ;
& fi l'on m'impute d'avoir voulu me fin-
gularifer, l'on conviendra auffi que ma
vie a été un cours non interrompu de
recherches & de toutes fortes d'études.

J'aurais peut-être été jaloux de fonder une Religion, fi j'étais né dans un
climat où toutes les places n'euffent pas
été prifes. Réduit à un rôle particulier,
je me fuis borné à élever un temple à
l'Eternel, & j'ai conçu le noble defir de
concourir à la fondation d'une Ville qui
puiffe devenir un jour la rivale de Genêve & obtenir fur elle les avantages que
Rome remporta fur Carthage fon émule.

Des intolérans qui ne me connoiſſent que de nom, m'ont fait mal graver dans leur Ville, & ils ont mis au bas de mon Portrait les deux vers que voici.

Dramatiſtes Français, connaiſſes votre Maître :
Il fit des envieux ſans dédaigner de l'être.

C'eſt une louange outrée, doublée d'une mordante Epigramme. Je me contenterai d'y répondre par deux autres vers :

Dieu ſeul approfondit le ſecret de nos cœurs,
L'apparence eſt pour l'homme une ſource d'erreurs.

Oui, l'on m'a ſouvent jugé ſur parole ou ſur l'écorce, & je me ſuis vu en but aux traits de la noire calomnie, même de la part de ceux que j'avais généreuſement obligés.

Je veux tout oublier, & c'eſt dans des diſpoſitions pacifiques que j'attends la fin de ma carriere ; mais je voudrais que mes derniers regards viſſent fuir les critiques ameres. Peut-être irai-je par un vol ſûr à l'immortalité, mais mon triomphe ne ſera pleinement confirmé qu'après mon trépas. Mes défauts perſonnels, (car chacun a les fiens ,) difparaîtront dans la nuit du Temps : mes envieux , mes dé-tracteurs s'évanouiront , & il ne reftera que mes Ouvrages où l'on verra tou-jours tranfpirer la grandeur d'ame , la bienfaifance , & toutes les vertus mora-les & civiles. Je me fuis fans ceffe atta-ché à peindre le fentiment. Pouvais-je fentir foiblement ce que j'exprimais avec tant d'énergie ?

Je fuis né Catholique ; mais de bonne heure je me fuis piqué de trop d'efprit pour me borner à l'être imperturbable-ment & bonnement comme les autres. J'ai voulu penfer par moi-même, je me fuis abandonné au raifonnement, & je n'ai rien prétendu devoir à la Grace, ni à l'éloquence des Docteurs. Confucius , Moïfe & Mahomet, m'ont paru des per-fonnages recommandables en morale , & j'aurais defiré atteindre à la hauteur de leur réputation ; mais les efprits ni les tems ne s'y trouvant difpofés, je me fuis borné à me faire furnommer l'*Apôtre de la Tolérence*, comme quelques Hommes fameux ont été appellés *l'Apotre des Gen-*

tils, l'Apôtre des Gaules, l'Apôtre de l'Angleterre, l'Apôtre des Indes, &c.

Je n'ai jamais renoncé à la foi de mes peres dans laquelle je veux mourir ; mais mon efprit curieux & mes occupations ne m'ont permis que d'effleurer ce qu'on n'approfondit qu'avec un tems & des travaux infinis. Jai pu déclamer abufivement & faire le prédicant ; j'ai ofé même me permettre des Parodies bouffonnes, mais par timidité naturelle & par une fuite de mes premiers principes, j'ai perpétuéllement tenu embraffé le tronc de l'arbre du catholicifme dont j'arrachais les branches. J'ai répété cent fois que j'y adhérais, & je le difois de bonne foi, tant pour me garantir du mépris des hommes, que par la crainte d'un torrent qui pouvoit m'entraîner dans un gouffre inépuifable : j'ai été même jufqu'à entreprendre quelquefois d'affurer ma croyance par des actes extérieurs & publics : j'ai invoqué à cet égard la notoriété ; mais ces démonftrations, loin de fixer les incertitudes fur mon intérieur, n'ont fait que fervir de prétextes à mes antagoniftes pour m'ac-

cufer hautement de braver tous les cultes,
comme également indifférens, & de vouloir en impofer fous le mafque trompeur
d'une hypocrifie raifonnée. Mes ennemis m'avaient jugé fans appel, & tout
jufqu'à mes Œuvres méritoires fournif-
fait des armes contre moi. Ces divers
affauts m'agitaient & redoublaient mon
activité.

Ma fanté a toujours été délicate, & je
n'ai vécu qu'à la faveur d'un régime qui
a tempéré la vivacité du feu don j'étais
intérieurement miné. Mon fang pétillant
n'était pas affranchi d'acrimonie ni de
bile, & mon humeur qui s'en reffentait
fe communiquait quelquefois à ma plume.
J'ai eu plus de goût que de paffions. Je
n'étais pas infenfible aux charmes de l'a-
mour, mais c'eft l'efprit qui m'a toujours
tracé la route pour parvenir jufqu'au
corps, & ma plus forte paffion a été fu-
bordonnée à celle de faire la conquête de
toutes les connaiffances divines & hu-
maines. Le Créateur éloigné piquait plus
ma curiofité que la Créature rapprochée.
J'ai ambitionné la généralité du favoir,

&

& l'on m'a reproché de briguer à ce sujet un privilége exclusif : c'est ce qui a soulevé contre moi la ligue universelle des Géants, des Pigmées & des Grues. Mon patrimoine a été suffisant pour un Homme de Lettres : il auroit été excessif pour un vrai philosophe ; mais si la philosophie morale résidait dans ma tête pour en travailler les ressorts, elle était subordonnée à ma philosophie pratique. Cette derniere n'était ennemie ni des Hommes, ni des commodités de la vie. Je méditais, sans vouloir être ni Zénon, ni Diogène, ni Epicure.

Ma fortune s'est augmentée par mes travaux infatigables & par le débit assuré de tout ce qui portait l'empreinte de mon nom. Si des Editions multipliées ont accru mes biens, des protections utiles l'ont encore grossi plus considérablement : j'étais sous le masque dans des entreprises, dans des affaires de Finances utiles, & j'ai éprouvé qu'on se garantissait de mourir de faim, en se chargeant d'administrer des vivres aux autres. Plutus ne devait pas rougir de soudoyer un

B

des Sécrétaires d'Apollon; cependant toutes mes spéculations n'ont pas été également
heureufes ; & quelques négocia-
tions hafardées m'ont entraîné dans des
directions qui ont affoibli mes facultés :
je les ai remplacées par des rentes via-
geres. J'ai appellé la prudence à mon fecours, & je me trouve encore affez de
moyens pour faire des difpofitions ami-
cales.

Je ne dois pas oublier qu'un grand
Prince avait attaché des faveurs utiles à
la charge de Débrouilleur Colorifte, qu'il
m'avait conférée en titre. L'office exi-
geait du goût & plus de complaifance
que je n'en pouvais avoir.

Une Impératrice généreufe récompen-
fait les foins que je me donnais pour il-
luftrer les faftes de fon vafte Empire
long-tems ignoré, & je réglais ma plume
fur les infpirations de fa Cour. Nombre
d'autres Souverains voulaient fe déclarer
mes Auguftes, mes Mécenes, & tous les
Monarques m'auraient défigné pour leur
Homere, ou leur Virgile. Les Mufes fté-
riles en tant de mains fructifiaient entre les

miennes : en devenant le plus grand des Poëtes de mon siecle, je suis devenu aussi le plus riche & le plus magnifique.

La parcimonie dont la jalousie m'a noirci, n'était qu'une sage économie ; l'industrie artificieuse dont on m'a taxé, n'était qu'une précaution nécessaire pour me garantir de la voracité des Imprimeurs, qui m'ont imperturbablement trompé & contre-fait pour exercer des larcins impunis au détriment du Public. Ce brigandage m'a sans cesse donné de l'humeur, & je l'aurais réprimé si l'on m'eût mis en place. J'ai toujours méprisé les ingrats Israélites, & je méprise également le peuple Typografique qui est composé de Juifs modernes aussi avides & aussi artificieux que leurs prédécesseurs.

J'ai aussi toujours chéri les Lettres, mais sans faire aucun cas de la plupart des Littérateurs. J'en ai obligé un grand nombre, & je les ai trouvés presque toujours hautains & méconnaissans : il est souvent bon de les lire sans les voir. Leur vertu s'affiche sur le papier : le moindre rifque que l'on court avec eux eft de leur prêter de l'argent qu'ils oublient de vous rendre , ou qu'ils convertiffent en injures.

J'ai eu le bonheur de faire le charme de Paris , tandis que les Comédiens, les Libraires & les Auteurs faifaient le tourment de ma vie en me déchirant à l'envi à belles dents.

Ma carriere a été un cours continuel de fuccès & de traverfes. Je me fuis vu comme S. Paul , ravi au troifieme Ciel & précipité dans le fond des abîmes. L'amitié de quelques grands Seigneurs m'a fait furnager , & j'ai été obligé d'entretenir leur protection avec un encens délicatement ménagé. Il eft fait pour les Dieux; mais les hommes font jaloux qu'on leur en réferve auffi quelques parcelles.

Pour ne pas déparer la fociété civile ; j'ai cherché à étouffer jufqu'à la moindre inculpation d'avarice. Je tenais une maifon dont la fplendeur & la nobleffe faifaient conftamment les honneurs; mes Compatriotes , mes Voifins , les Etrangers y trouvaient les agrémens d'un com-

merce aussi doux que libre pour eux &
pour moi. C'était un Portique où l'on
pouvait s'instruire : je me montrais au-
dessus de tout détail domestique ; j'aimais
mieux même être duppe que minutieux ;
& lorsque la prudence m'a forcé de mettre un terme à l'abondance qui flattoit la
générosité de mon goût, j'ai renoncé à
la fréquentation habituelle des gens lumineux pour me faire tout à tous , & vivre
dans la retraite avec la médiocrité des talens & avec les simples Habitans de la
Campagne. J'ai quitté le Compas pour la
Bêche , la Lyre pour le Hoyau , & j'ai
chanté l'Agriculture que j'encourageais
par mes exemples. Ma vie a été un exer-
cice habituel & un mélange successif d'al-
ternatives. Je me suis vu admiré , honoré ,
hai , diffamé , calomnié , & la plupart des
gens m'ont fait à leur image ; chacun
m'a prêté un caractere à sa mode , ou
suivant son intérêt ; mes Lecteurs , mes
Partisans m'auraient dressé des autels ;
ceux qui me jugeaient sur des rapports ,
ou par prévention , me décernoient des
supplices. Ces traverses m'ont fait douter

fi mon fiecle était eftimable , & fi les bonnes mœurs n'étaient pas exilées de ce monde. Peut-être ai-je été l'Architecte de quelques portions de mes défaftres ; mais la méchanceté des hommes a conftruit les autres. J'amais l'on a eu tant de prétention à l'efprit , & jamais l'on n'a montré moins de raifon , de charité & de bonté d'ame. L'on fe paffionne rapidement pour tous les objets , jufqu'aux minuties ; l'on devient querelleur, emporté ; l'égoïfme abforbe tout, l'amour propre décide tout, le bon fens feul fe tait , & les difputes particulieres inondent la furface du Royaume. Je n'ai pû les éviter, ainfi malgré les avantages que la nature libérale m'avait départis, j'ai mené continuellement une vie malheureufe, que j'ai cherché à diftraire par la variété des goûts, des occupations, & même des fantaifies.

Mon génie, ennemi de la contrainte & des chaînes, n'a jamais été propre au joug du mariage. Les Mufes font chaftes & elles exigent un cœur libre, qui ne fe paffionne que pour leur commerce fpéculatif; elles font jaloufes, & elles veulent être careffées fans partage ; elles font paifibles & craignent ou le bruit des enfans , ou l'embarras du ménage ; enfin elles font glorieufes , & elles redoutent une pauvreté capable de retrécir l'ame , ou d'avilir l'efprit. Trop d'embonpoint les rend péfantes & pareffeufes : trop de maigreur les décourage & les abrutit ; il eft difficile de les contenter ; cependant ces neuf Femmes ont été pour moi plus douces , plus complaifantes , moins couteufes & moins exigeantes qu'une feule , quoique bien élevée.

Livré à la folitude , je réfléchis avec moi-même fur les profondeurs d'une éternité impénétrable à l'efprit humain. Je penfe qu'il eft un Dieu vengeur, un Dieu jaloux, mais en même tems miféricordieux. Je me dis que vis-à-vis ce Dieu dont l'effence eft infinie , immuable & incompréhenfible , les lumieres de l'entendement humain ne font rien , ou que ce font des titres de condamnation plus pofitifs contre ceux qui ont abufé de leurs facultés. Mais quel abus puniffable ai-je fait de la machine organifée qu'il m'a dé-

partie ? Ai-je jamais détourné qui que ce
foit de rendre hommage à fon immenfi-
té? N'ai-je pas au contraire toujours rap-
porté tout à fon effence infinie, à fa bonté
effentielle ? J'ai combiné, pefé, vacillé,
j'ai cherché par quelle route on pouvoit
parvenir plus aifément jufqu'à lui ; & en
attaquant les formes, fans douter de fon
pouvoir, je lui ai perpétuellement rendu
d'une main ce que je femblois lui enlever
de l'autre. Mes traits fe font exercés contre les miniftres de tout Pays ; mais j'ai
toujours craint & refpecté la Divinité
en elle-même, comme principe unique
de toutes chofes, & je l'invoque encore
humblement comme l'arbitre fouverain
de nos faibles deftinées. Je m'écrie avec
ferveur & componction. Oui, mon Dieu
eft le Dieu des Nations & de tous les
êtres penfans ; la terre entiere eft fon
trône, je lui foumets ma débile intelligence ; mais je ne puis me diffimuler que
chaque Nation, chaque Peuple a fes co-
opérateurs particuliers, dont le rôle prin-
cipal eft d'être par-tout honorés, riches
& dominants, malgré l'humilité & la

pauvreté dont le premier des Pontifes a donné le modele fur la terre.

Ma vie particuliere ne me laiffe aucun fujet de remord. Ce Dieu terrible, ce Maître, fymbole de miféricorde, oubliera-t-il fa clémence pour m'impofer des peines éternelles, par rapport aux difpofitions où j'étais de fcruter avidement tous les cultes ? Je fuis defcendu de la coupable race d'Adam. Nos premiers parens ont été trop curieux ; j'ai porté, à leur exemple, ce fentiment trop loin. J'ai voulu fervir mon Créateur en connniffance de caufe. C'eft une indifcrétion qu'un Dieu indulgent peut remettre comme il a pardonné la premiere faute. Dois-je croire qu'un excès de prétention me perdra pour jamais au Tribunal d'un Juge plein de bonté, que j'aurais toujours reconnu & honoré, dans quelque Religion qu'il m'eût fait naître ?

C'eft dans les bras de cet Etre Tout-Puiffant que je me jette. Il n'a que des perfections qui, malgré mon étude, échappent encore à mon intelligence bornée.

Il m'a appris lui-même que son joug était doux & facile.

C'est par ses bienfaits seuls que j'ai existé, que j'ai pensé, que j'ai acquis quelque distinction dans le monde, & que j'ai conquis les connoissances destinées à me convaincre de l'étendue de son pouvoir.

C'est son bras qui a soutenu ma faiblesse, qui a fortifié ma confiance ; ainsi j'espere qu'il purifiera mon ame pour la rendre digne de paraître devant lui. Il connait nos besoins, nos pensées secretes, & son jugement est plus éclairé que celui des faibles humains qui ont la présomption de vouloir prononcer définitivement sur de trompeuses apparences & d'après leurs idées raccourcies. Oh ! hommes orgueilleux, réformés vos propres erreurs, avant de prononcer sur celles des autres. La présomption est votre premier titre. Rentrez en vous-même, & supprimez-en les effets, avant d'assigner à vos freres des places à votre volonté dans une éternité que vous ne cencevez pas. Vous êtes cet Aftronome qui, en confidéranr les aftres, s'abîme dans un puits.

Les Gens fenfés ont eu raifon de me trouver blâmable , lorfque j'ai voulu dogmatifer, lorfque j'ai écrit des obfce-nités, lorfque j'ai differté fur bien des myfteres qui n'exigent qu'une foi aveu-gle & refpeétueufe, enfin lorfque je me fuis expofé à pervertir la jeuneffe par des farcafmes, par des poifons cachés fous l'appas des fleurs. J'étais homme, j'ai été jeune, j'ai aimé le merveilleux ; & j'avoue qu'à cet égard mes torts ont dû paraître graves. J'ai dû déplaire à Dieu & foulever les hommes foumis à l'em-pire d'une loi dogmatique qu'on doit toujours refpeéter : mais j'ofe affurer qu'en faifant des produétions licencieufes & hafardées, je travaillais moins pour me faire des difciples, que pour donner un effor brillant à mon efprit, toujours prêt à franchir les barrieres de la modé-ration commune. Ma tentation était de tout effleurer, & c'eft le feul libertinage d'une imagination hardie qui a pu faire

ſuſpecter en moi les vices d'un cœur gan-
grené. J'ai paſſé leſtement ſur des ſurfa-
ces ; j'ai ridiculiſé les objets qui m'em-
barraſſaient ; j'ai affecté de ne m'arrêter
à aucun point fixe par préférence ; &
j'ai paru deſiré, par vanité, d'être l'homme de toutes les Nations, ou le frondeur
impartial de toutes les ſectes. Je ſentais
moi-même mon faible ſans pouvoir y ré-
ſiſter, puiſqu'au milieu de mes écarts,
une voix ſecrette me diſait tout bas à quoi
je devais m'en tenir. Je l'écoutais dans
de certains moments, mais le ſentiment
de la préſomption l'étouffait en moi dans
la perſuaſion où j'étais que pour être un
grand Homme il faut s'écarter des routes
ordinaires. L'on s'expoſe trop dans une
marche uniforme à être coudoyé par le
vulgaire.

Je n'ai pas fait aſſez attention que la
Divinité, l'Eternité & autres Myſteres
ſublimes, ſont des points incompréhen-
ſibles & impénétrables à la faibleſſe de
notre vue oſcillante. Je n'ai donc fait
que balbutier comme un enfant, & j'ai
pu amuſer, mais ſans convaincre. La

doublure ne s'eft jamais trouvée propor-
tionnée à la force de l'étoffe.

Dégagé des preftiges, je fens aujour-
d'hui l'énormité des abus auxquels je me
fuis laiffé emporter par vivacité, je m'en
repents avec amertume, & je me dé-
favoue moi-même. Je fupplie Dieu &
les hommes de faire grace à mon aveuglement, & je veux tâcher d'en faire, à
la face du genre humain, une répartition
authentique par un humble aveu de la
faute & par les actes fatisfactoires qui ref-
tent en mon pouvoir.

Si le Pape Benoît XIV éclairait encore
la Chrétienneté, je me jetterais aux pieds
de fa miféricorde, & je l'implorerais pour
fe rendre médiateur, entre la Divinité que
j'ai offenfée, & moi, chétive créature ;
il m'honorait des témoignages de fa bonté
paternelle. Il ne dédaignait pas de s'entretenir par Lettres avec moi, & j'étais une
Brebis chérie qu'il ne défefpérait pas de
ramener à fon Bercail. La mort a enlevé
ce flambeau vivant de l'Eglife. Le Cardinal Paffionei, qui favait excufer les
erreurs de l'efprit dans les Gens de Let-

tres, eſt, ainſi que lui, dans la tombe, &
c'eſt une perte pour moi. Le Pere de la
Tour, qui avait aſſez d'intrigues pour ſe
rendre mon Proxénete & mon médiateur a peu ſurvécu à ſa déplorable Société. A qui donc pourrais-je m'addreſſer
à préſent pour déſarmer Rome', cette
Mere commune, dont j'ai ſi ſouvent fron-
dé les uſages & les entrepriſes?

Les Jéſuites, échappés au naufrage,
auraient peut-être aſſez de politique pour
diſſimuler mes outrages, & ſe faire honneur d'un généreux pardon, en faveur
d'un nom univerſellement répandu; mais
ils ſont ſans force & ſans crédit. Leur em-
pire diviſé s'ébranle de plus en plus, &
ils ont beſoin pour eux-mêmes du peu
de protecteurs qui leur reſte. C'eſt donc
ſur mes efforts perſonnels, ſur mes dé-
faveux & ſur mon repentir ſincere que
je dois fonder l'eſpoir de ma réconciliation avec le centre de l'unité & avec mes
enhemis.

J'eſpere eſſentiellement en la bonté re-
connue du Roi, mon Maître. L'honneur
d'avoir été nommé ſon Gentilhomme &

(31)

ſon Hiſtoriographe, doit l'engager à faire grace à ma mémoire pour ne pas flétrir ſon choix. Son exemple ſera d'un grand poids, & déſarmera la pétulence des mal-intentionnés qui attendent ma mort pour m'accabler d'opprobres : mais je ne deſcendrai pas au tombeau ſans mériter & ſans jouir de quelque conſidération. Ma réputation attaquée dans les premiers moments, ſera comme le vin fumeux qui ſe bonnifie en vieilliſſant. Après avoir repoſé quelque tems, elle revivra pour ne plus mourir. Je paſſerai alors pour un génie éclairé, & pour un bon Citoyen. La preuve même en pourra être établie. J'ai ramaſſé pendant longtems des matériaux infinis pour brillanter l'hiſtoire de Louis le bien Aimé. J'aurais répandu une teinte raviſſante ſur ſes belles actions. Je me flattais de mettre dans le jour le plus flatteur, le plus radieux, les traits frappans de ſa vie glorieuſe ; hélas ! le plus vif regret que j'emporte dans la tombe, eſt de n'avoir pas perfectionné un ouvrage auſſi précieux, auſſi intéreſſant. Si quelque choſe peut m'en conſoler, c'est la juste persuasion où je suis que nul autre ne s'en acquittera avec plus de zele, de feu, de clarté & de pureté de langage, que je me serais attaché à y en répandre. Vainement mes adversaires m'ont-ils annoncé dans le monde comme un écrivain partial, suspect & même infidele. J'ai cherché de bonne foi à combattre les chimeres, les préjugés, les paradoxes & les prestiges. Je me suis même quelquefois battu contre des moulins à vent ; mais j'ai écrit sans acception de lieux ni de personnes, quand j'ai cru le pouvoir faire sans danger. Les Janfénistes, les Molinistes, les Protestans, les Sectaires, les Dévots, les Libertins, les Quakers, les Moines, le Clergé, la Robbe, les Potentats mêmes ont eu part à mes déclamations hardies, & je me suis attaché à réformer le monde entier qui voulait, par représailles, me corriger à mon tour. Me flattais-je de réussir ? Non, mais l'admiration œcuménique était ma manie, & je voulais sans cesse la conquérir, fusse à mes propres dépens.

Quand je jette en particulier un coup d'œil

d'œil réfléchi fur ma conduite, j'y trouve moi-même bien des chofes que je voudrais pouvoir en retrancher. J'ai pu me faire illufion, mais une Nation jaloufe de fa gloire doit-elle me juger comme un homme ordinaire ? Si mes fens euffent été modérés, fi mes idées euffent été méthodiques, je n'aurais pas enfanté ces traits hardis, ces élans d'enthoufiafme qui vous ont frappé d'admiration. La chaleur du cerveau m'enlevait hors de moi-même, & mon delire enfantait des chefs-d'œuvres. Un grand Poëte, un grand Peintre, un grand Muficien, ne doivent leurs fuccès qu'à des infpirations violentes : pourquoi n'excuferait-on pas en moi des erreurs, des écarts, des abfences & même quelques délires ? N'étais-je pas toujours entraîné par un feu rapide ? Si fon impétuofité me portait jufqu'aux Cieux, elle pouvait auffi m'abforber dans des gouffres. La rapidité du torrent ne me laiffait pas toujours la liberté de la réfléxion. Ma tête était un volcan perpétuel qui exhalait la flamme & la cendre. Il fallait admirer l'effet de mes tranfports, fans

les juger, l'équerre & le compas à la main ;
en effet, combien de richesses sont sorties
du sein du chaos, pour parer la terre,
pour annoblir l'homme ; oui, si mes ouvrages peuvent contribuer à la dissolu-
tion de quelques mortels, je me plais à
croire aussi qu'il y en aura un grand
nombre dont ils éleveront l'ame, dont
ils aggrandiront l'esprit, & à qui ils ap-
prendront à devenir meilleurs. Le tout
dépendra d'un bon choix dans l'assorti-
ment, & du discernement des Lecteurs.

Pour calmer mes scrupules sur une
matiere si délicate, j'avais projetté de dé-
poser entre les mains d'une personne
connue une somme de cent mille écus
pour retirer des mains du Public, le plus
d'Exemplaires qu'il ferait possible, de la
Pucelle, de Candide & de mes Contes
licencieux ; mais j'ai été forcé de renon-
cer à cette entreprise, en faisant réflexion
que la cohorte infidelle des Libraires
s'empresserait de les réimprimer & de les
représenter à mon dépositaire pour ap-
pliquer promptement la somme entiere à
son profit. Cette idée s'est déployée chez

moi en finiffant un ouvrage qui fera pof-
thume, & dont le titre eft, *le Brigandage
Typographique*. Cet Ouvrage pourra être
imprimé fous mon nom. J'ai cherché
cent fois à me déguifer fous des annonces
fuppofées ; mon cachet n'échappait pas à
la pénétration du Lecteur, & j'avais fi
peu d'émules, qu'il fe croyait fûr de me
reconnaître dès la troifieme page. J'éclai-
rerai donc encore le public à vifage dé-
couvert. Les Libraires ne fe joueront plus
de ma facilité ; & pour faire taire l. cri
de ma confcience, j'aime mieux que les
cent mille écus foient convertis en fonds
par les foins de M. de L...., & que la
rente annuelle en foit par lui ou fes pré-
pofés, diftribuée avec jufte proportion
à toutes les Paroiffes du pays de Gex ;
à condition auffi que tous les ans, le
Mercredi des Cendres, on brûlera folemnellement à la porte de l'Eglife, où je dé-
poferai une de mes Œuvres obfcenes,
pour annoncer au Peuple que ces productions fcandaleufes méritent de retour-
ner en pouffiere avec leur Auteur. C'eft
une adhéfion volontaire aux Arrêts qui,

dès mon vivant, ont livré aux flammes mes fpirituelles extravagances. Cette anecdote m'eft échappée dans mon hiftoire du Parlement qu'il faut néceffairement refaire. Je renie folemnellement ma prétendue Pucelle, comme une mauvaife connaiffance que j'ai entretenue dans un âge où l'on n'eft ni difficile ni délicat. Je fuis forcé de convenir que c'eft une infâme proftituée, mais elle a plus d'efprit que le commun des filles de fon état, & elle a eu l'art de me féduire dans des moments de vertige. J'ai fait avec elle quelques parties de débauche, & j'en aurais renffenti les conféquences funeftes, fi la philofophe ne m'eût adminiftré à propos des fudorifiques pour me garantir des fuites redoutables de fon libertinage & de fon incontinence. Elle ma fafciné la vue ; car je n'ai jamais aimé la mauvaife compagnie.

J'ai toujours envifagé la mort fans la defirer, ni la redouter. Elle eft hideufe, mais indifpenfable ; c'eft fouvent le beau foir d'un jour nébuleux. Ma faible complexion m'avait toujours fait croire

(37)

que'lle ferait moins lente à arriver jufqu'à moi. Elle m'a ménagé , mais la ca-
ducité m'annonce fon approche. Lorfqu'elle fe préfentera , malgré fa laideur,
ma porte lui fera toujours ouverte : je
crains , mais j'efpere encore davantage.
Affecté du fentiment de l'immortalité, je
veux cimenter la mienne par des difpofitions fingulieres. J'ai vécu d'une façon
peu commune , je dois tefter & mourir
de même.

Je veux être enterré fimplement , & à
peu de frais , dans l'Eglife que j'ai édifiée
à Ferney , comme un monument de ma
vénération , & de ma reconnaiffance en-
vers mon Créateur & le Maître uni-
verfel. La tenture n'eft faite que pour la
vanité des vivans, & les Cloches fervent
fouvent à leur perfécution. L'intérêt du
mort entre pour peu de chofe dans le
cérémonial ; je veux donc être placé tout
uniment auprès de l'entrée principale ,
pour que tous les habitans en foulant ma
cendre, puiffent s'affecter du néant de la
vie, des talents & des diftinctions. Il
ne refte déjà de mon corps exigu & deffé-

ché, qu'une momie qui occupera peu d'espace.

J'exige que mon cadavre soit couvert d'une plaque de cuivre d'environ six pieds, sur laquelle on gravera seulement en gros caracteres : CY GIT V***. Cette inscription sera surmontée de Trophées littéraires, & d'une Couronne de Laurier semblable à celle que Pétarque obtint autrefois à Rome.

Autour de la Tombe on représentera les Muses en pleurs, des Génies en deuil, l'Envie souriant, la Satyre jouant d'un tambour de basque, Momus brisant sa marotte, Apollon cassant sa Lyre, & Pégase prenant son vol & portant sur son dos un petit Amour avec une malle volumineuse.

J'entends qu'on addosse au premier pilier une grande Inscription Latine ou Française, dans laquelle on détaillera le plus brievement qu'il sera possible mon nom, mon âge, mes qualités, mes exils, mes voyages, mes traverses, mes rivalités, mes triomphes & mes ouvrages imprimés avec permission. Mes envieux, mes

ennemis difparaîtront, & je n'aurai plus
à craindre les traits fecrets & envenimés
d'une foule d'infectes bourdonnans, qui
ne m'attaquaient que pour faire foupçonner leur exiftence. Mon filence & mon
dédain les auraient plus humiliés & plus
punis que ma colere : ainfi j'aurais fait
fagement de les abandonner à eux-même.
Ils fe font glorifiés d'un courroux qui les
a fait connaître.

Les médailles qu'on a frappées pour
moi en différentes Villes, m'ont paru
imparfaites & de mauvais goût. Mon intention eft donc qu'on en faffe frapper
une nouvelle, & qu'on choififfe la main
du plus célebre Artifte. Il en fera donné
une d'or du poids de 50 louis à celui qui
aura le mieux rempli mes vues dans la
compofition de l'infcription que j'exige.
Je foumets la décifion du concours à
Meffieurs de l'Académie Françaife, mes
Confreres, qui fe connaiffent en ftile la-
pidaire, comme en toutes autres chofes.
Je les ai peu vus, mais je les aimais de
loin, & j'ai tâché de leur donner l'exemple du travail. Je leur legue, à chacun,

une de mes médailles en argent, valant au moins quatre jettons, & je les prie d'agréer mon Portrait en huile, pour avoir dans leur Salle d'assemblée le modele d'un Confrere fécond & laborieux.

Je veux qu'on donne à tous les pauvres de la Paroisse sur laquelle je mourrai, un bonnet de laine, une paire de souliers, un écu, un exemplaire du Catéchisme Historique de M. Fl***. M. l'Abbé Ad*** réglera le nombre, & le choix des personnes qui devront avoir part à cette distribution.

Je donne à tous les Prêtres qui assisteront à mon Convoi, un Cochon de lait & un Dindon, avec un boisseau d'Avoine ; le Curé aura double rétribution.

Je legue à la Fabrique une rente perpétuelle d'un Veau de trois mois, rachetable de six paires de Bœufs en état de labourer.

Je laisse à chacun des bas Officiers de l'Eglise, soit Chantres, Bedeaux, Enfans de Chœur, Sonneurs ou autres, un Missel Français, afin qu'ils entendent, s'il se peut, ce qu'on leur fait dire & faire journellement.

Je veux que tous les ans , le jour de Sainte Marie Egyptienne , on célebre dans la Paroiſſe , où je ferai dépoſé , un Obit pour la célebre M:le le Couvreur , rejettée avec mépris.

Si aucun Curé ne veut accepter la fondation qui ſera de cent francs annuellement , la même ſomme ſera délivrée aux Miniſtres de Genève, qui donneront dans leur Ville , le jour de leur délivrance , un Conſert ſpirituel à mon intention , pour égayer la République ; c'eſt un aĉte chrétien que d'amuſer ceux qui nous ont ennuyé.

Je veux auſſi que tous les ans , au jour de S. Maurice , on remette dix piſtolles entre les mains du Syndic de ma Paroiſſe. Cette ſomme ſera employée à faire, dans la place publique , un feu éclatant , qui rappelle aux cœurs Français les hautes aĉtions & les rares qualités de M. le Maréchal de Saxe ; ce Héros à qui la Nation a des obligations ſi eſſentielles. Il m'aimait, il attend la Réſurreĉtion à Strasbourg , & c'eſt avec douleur que je crois ne plus jamais le revoir. Il doit être avec Trajan ,

Marc-Aurele, Antonin, Charles XII, &
autres Grands Hommes qu'il ferait dangereux d'aller vifiter.

Je laiffe au refpeftable Evêque Da***,
deux douzaines de paires de Gands de
Caftor ou de poil de Lapin, les plus doux
qu'on pourra trouver. Je legue auffi au
fieur G**, Curé de Ferney, à Jacques
Manœuvre, à Pierre l'Archevêque, Syndic, à Maugier, à Jacquin & à Bugroz,
Chirrurgien, chacun une Camifolle de
Flanelle & un Surtout ou Redingotte de
Ratine d'Angleterre ; à condition qu'ils feront proprement encadrer & mettre au-
deffus du Bénitier de l'Eglife de Ferney la
Profeffion de foi authentique que j'ai faite
en leur préfence, le 15 Avril 1769, devant
Claude Raffo, Notaire & Témoins. L'on
en délivrera gratis des expéditions à tous
ceux qui en demanderont.

J'invite tous les Souverains de l'Europe
à faire graver, dans leurs Etats, une eftampe
dont j'ai fourni le deffin. Elle eft in-
titulée : *le Banquet des Epiques*, & dé-
diée à l'Héritiere de l'Empereur Pierre le
Grand. Nous fommes repréfentés autour

d'une table frugalement fervie, Homere,
Virgile , le Taffe , Milton & moi, felon
le coftume qui nous appartient. Clio nous
verfe à la ronde de l'eau de l'Hypocrene.
Apollon touche fa Lyre , & Jupiter, du
haut des Cieux, nous faupoudre de fel, &
de rofes garnies d'épines. La gravure doit
être à l'eau-forte.

Je prie le Roi de Pr*** d'agréer, pour
marque de ma refpectueufe reconnaiffance , un Portrait du Roi mon maître , dont
on m'a anciennement honoré. Ces deux
Souverains font dignes d'être dans ce
monde-ci amis l'un de l'autre ; l'Europe
les en conjure.

Je legue à Meffieurs les Gentilshommes
Ordinaires, mes anciens Confreres, mon
beau traité de Diplomatique ; & j'entends qu'il refte toujours dépofé entre
les mains du Doyen de la Compagnie ,
pour être confulté dans les occafions
qui pourront intéreffer le bien de l'Etat,
& l'honneur ou les prérogatives de la
Charge.

Je laiffe à chacun de mes Domeftiques
une année de leurs gages convertie en pen-

fion viagere. J'y joins un habit de deuil , une charue & fix arpens de terre à dé- fricher dans le Pays , fous la redevance de 2 *f. de cens*. On ne peut trop labourer & acquérir des vaffaux.

J'entends que l'on faffe exécuter, par un des plus habiles Sculpteurs, ma ftatue en marbre de grandeur plus que naturelle. Je defire être repréfenté badinant d'une main avec un jeune Génie qui me caref- fera. Je dois paraître foulant aux pieds un grouppe de reptiles amoncelés. Mon am- bition éft d'être placé au milieu de la Place Dauphine , en face du Grand Henri, à qui de la main qui me reftera libre , je préfenterai tendrement ma Henriade. Le Génie de la France applaudira à mon zele, & Clio embouchant, pour le Monarque, la trompette guerriere , me préfentera celle de la Renommée , tandis qu'un Amour en cafque m'offrira un crayon.

Si M. le Prevôt des Marchands & les Echevins de Paris m'obtiennent, de la bonté du Roi , la faveur infigne d'être auffi noblement placé parmi mes Conci- toyens, je donne à la Ville de Paris les

(45)

projets que j'ai faits pour l'exécution des Fêtes publiques, les plus brillantes, les plus fûres & les moins couteufes. Si mes vœux ne font pas accomplis, j'ordonne que ces morceaux foient imprimés à la fuite de mon Temple du Goût, & qu'on en remette deux exemplaires dans le dépôt de Meffieurs des Menus. On pourra les confulter dans les tems où l'argent eft rare.

Je dois publier avec reconnaiffance que la Littérature Françaife, par une générofité fans égale, m'a confacré une Statue, dont l'exécution eft confiée au cifeau de l'illuftre M. Pigal. Les Savans, les Grands & les Potentats même, fe font glorifiés d'attacher à leurs dépens un brillant à la couronne qu'on me décernait. Cet honneur tardif, que je partage avec Erafme, me venge avec ufure des perfécutions que la haine des hommes m'a fufcitées. Je voudrais que cette Statue pût être mife dans la Place de Sorbonne, avec ces mots : *H I C E S T.*

Les Docteurs qui m'ont peu aimé pourraient en murmurer ; mais la vue d'un

pareil monument encouragerait les Jeunes Etudiants en l'Univerſité. L'émula-
tion produit les Grands Hommes , & le
Cardinal de Richelieu ne ſerait pas cou-
roucé de mon voiſinage : au reſte , je
m'en rapporte totalement à la prudence
& au diſcernement de mes bienfaiteurs.
La Place que l'on doit m'aſſigner me ſera
égale , pourvu que j'en obtienne une
avantageuſe dans le ſouvenir de mes
Compatriotes & des Etrangers.

Je deſire que mon Buſte en pierre ſoit
mis au Bureau de la Chambre Syndicale
des Libraires de Paris. Je ne craindrai
plus leur cupidité indécente , & ils ou-
blieront charitablement , en voyant ce
ſigne de réconciliation , les reproches
que je leur ai perpétuellement faits ſur
leurs filouteries rafinées , & leur rapacité.

Je ſouhaite qu'un pareil Buſte ſoit poſé
dans le Foyer de la Comédie Françaiſe ,
avec une triple couronne de laurier , de
mirthe & de houx pour picquer les *Eco-
liers* préſompteux , & les plats Auteurs
qui ont la fureur immodérée de rendre
publiques leurs productions ridicules &
éphémeres.

Je charge mon Exécuteur teſtamentaire de faire porter au Foyer de la Comédie Italienne, toute la Muſique Françaiſe ou étrangere que j'ai recueillie. Je l'invite à y joindre une groſſe d'Eſcarpins, & un grand panier de Sifflets. Les Acteurs prendront la Muſique ; les Danſeurs prendront les Eſcarpins, & les Sifflets ſeront pour le Public. Ce Spectacle qui amuſe la légéreté d'une nation frivole, dégrade la Muſe Françaiſe, & abâtardit le goût d'une Nation qu'on accuſe d'avoir plus d'eſprit que de jugement.

Je deſire qu'on remette entre les mains du Prevôt des Marchands & des Eche-vins de la Ville de Lyon, une ſomme de 100000 liv. Cet argent ſera placé à conſ-titution, & le revenu en ſera employé à établir dans la même Ville une Ecole de Déclamation. Les Adminiſtrateurs de l'Hôpital choiſiront eux-mêmes dans leur maiſon les ſujets qu'ils croiront le mieux diſpoſés pour le Théâtre. Ils conſulteront les talens & la figure, ſans égard au pays, ni à la naiſſance. Il y aura toujours huit Eleves, quatre garçons & quatre filles,

Lorſque l'un d'eux aura été jugé digne de figurer en Public, on le fera remplacer par un autre de l'âge d'onze à douze ans. On leur donnera à chacun 500 liv. annuellement pour leur entretien ; & le Profeſſeur nommé par le Bureau, aura 1000 liv. pour ſes appointemens. Il faut que ce ſoit un Comédien émérite ou conſommé. Il exercera quatre heures par jour cette jeuneſſe , & leur fera apprendre par préférence mes Piéces Dramatiques. Corneille eſt ſublime , mais il eſt gothique. Racine eſt châtié , mais il eſt trop tendre ; & le ſanguinaire Crébillon eſt trop terrible pour de jeunes gens qu'il faut former de bonne heure à la ſageſſe & à la ſenſibilité ſans faibleſſe.

Je légue au Proviſeur du Collége Mazarin une ſomme de 40000 liv. pour fonder dans l'Univerſité deux Chaires de Philoſophie ; mais d'une Philoſophie loyale , chrétienne , morale & civile, qui n'ambitionne pas ſourdement les honneurs & les dignités qu'elle mépriſe tout haut ; qui ne prodigue pas les injures , en prêchant la patience & la charité ; qui enfin

enfin ne fubftitue pas le radotage humain
à la raifon divine.

Je légue aux Directeurs de l'Opéra de
Paris, toutes les Décorations & les uften-
ciles du Théâtre que j'avais monté près
de Genève ; mais fous la condition ex-
preffe qu'ils ne feront jamais repréfenter
aucune de mes Piéces Lyriques. Ces
fortes de Poëmes font des enfans dif-
graciés que je réduis à leur légitime.
Ils n'ont pas fait fortune dans le monde
au gré de mes defirs ; mais quand on eft
chargé d'une grande famille, il eft difficile
de donner à tous les fiens une éducation
également foignée.

J'ai cherché dans mes Drames à me
rendre plus égal que Corneille, moins
doucereux complimenteur que Racine
& moins effrayant que Crébillon. Une
dignité majeftueufement foutenue était
mon but. Mes Piéces fugitives ont paru
délicieufes ; ma Henriade a été trouvée
fublime, & fi mes hiftoires ont été ac-
cufées de pêcher contre l'exacte vérité,
c'eft que quelquefois la politique arrê-
tait la ferveur de ma main. Il n'y a qu'un
pas de la liberté à la licence ; on m'obfer-

vait fans ceffe ; on m'interprêtait mal, &
j'étais affiégé d'allarmes. D'ailleurs, je
n'aimais pas à compiler. Imaginer me
coutait moins ; je prenais ma mémoire
pour un guide fûr, & elle me trahiffait
involontairement. Je confultais les vrai-
femblances , j'adhérais aux conjectures ;
& fi j'avais le malheur d'égarer mon Lec
teur , j'avais du moins la confolation de
le conduire par des routes femées de fleurs
odoriférantes.

Mes écrits fur la Philofophie & la Géométrie ne font que les doutes d'un génie
qui cherche à tout apprendre , à tout pé-
nétrer. Quelque bien organifé qu'on foit
né , il eft impoffible d'être en même tems
Poëte admirable , Hiftorien fupérieur,
Philofophe profond & Mathématicien
infaillible.

J'ai peu pardonné dans ma vie fans
m'être vengé , & l'on réforme difficile-
ment une vieille habitude. Cependant
par effort de chriftianifme, j'oublie ma
haine contre M. le F*** de P*** , & fon
difert frere, le Prélat du P...., je leur
laiffe à chacun, en figne de réconciliation,
un Bréviaire Romain doré fur tranche ;

(51)

une Imitation de Jéfus en vers Français;
un Pfeautier Latin ; un Exemplaire des
Sermons du P. Segault , & un Recueil
des Mandemens de M. L***, ancien Evêque de Sens.

C'eft dans le même efprit que je légue
à M. F***, intrépide Journalifte, le rem-
bourcement du fonds de mépris dont depuis long-tems je lui paye la rente au
dernier cent. Il s'eft acharné contre moi
comme un dogue affamé. Il m'a fuivi ;
guetté comme un Efpion de Police pour
dévoiler mes incurfions dans les moiffons
étrangéres , & les acquets dont je voulais faire des propres. Il m'a périodique-
ment injurié , baffoué , déchiré , calomnié ; il m'a mis en colere & hors de moi-
même , avant que j'avouäffe le connaître.
J'avais beau affeéter de l'indifférence , le
dépit me fuffoquait & ne fervait qu'à
rendre moins piquants les traits de ma
vengeance. Je me fuis vu tenté cent fois
de lui léguer une ample pacotille d'étri-
vieres , & de choifir pour exécuteur de
mes dernieres volontés , l'homme de Paris qui aurait le bras le plus fort ; mais
mon indignation s'eft repofée fur fon

mare. Je vois les chofes avec plus de fens froid, & j'ai fait mes efforts pour oublier les bleffures que m'a fait ce dangereux ex-Jéfuite, qui pouvait mieux employer fes talens. Mon deffein était de lui laiffer les mémoires anciens de la république des Lettres ; mais j'ai fongé que la plupart des Auteurs étaient des fceptiques qui n'étaient arrêtés ni par le frein de la Religion, ni par celui du monachifme ; ainfi j'aime mieux lui léguer mes mémoriaux fur la vie du Roi Staniflas. Il en fera faire pas fes Commis un corps d'Ouvrage qu'il pourra donner fous le nom de fon fils, dont ce généreux Prince était Parrain. Il lui a fauvé par fa bonté plufieurs difgraces, & en prévenant la chûte des Feuilles, il a confirmé que beaucoup de chofes ici bas, fe font par Comperes & Commeres. Le Légataire aura foin d'enrichir la compilation de fes productions poëtiques en l'honneur du Monarque, affaifonnées de pieufes méditations fur la morale & le maintien des bonnes mœurs ; le tout cependant fous la condition qu'il ne fera pas mon Oraifon Funebre, mais qu'il en

(53)

laiffera le foin à M. l'Abbé de la B ***,
que je prie de ne pas s'en acquitter taci‑
tement, *tacita mente.*

Abraham C *** a voulu m'écorcher;
j'ai rogné fa griffe pefante , & je l'ai
payé comptant. J'en pourrais dire autant
de G ***, de N ***, de P ***, & d'autres
infectes venimeux & mordicants, ou de
pieux fanatiques qui attaquaient ma doc‑
trine par vanité , & m'effleuraient la
peau par ignorance ; je leur laiffe , ce‑
pendant fans rancune , la Bibliotheque
Bleue toute complette , pour alimenter
leurs fcientifiques fpéculations & leurs
fublimes connaiffances dans le vuide &
le galimathias.

Si Jo***,anciennement Libraire à Rouen,
& Tr***, ancien Violon à l'Opéra , ne
font pas morts de mifere ou autrement,
je leur laiffe à chacun une penfion via‑
gere de 500 liv. hypothéquée fpéciale‑
ment fur les billets de banque qui me
font reftés après le fyftême. Si on les
paye , ils en toucheront les arrérages
fur les quittances & par les mains de M.
M***, précédemment Avocat au Parle‑
ment. Je laiffe auffi 300 liv. de rente fur

l'Hôpital de la Grave à Fel..., & à chaque Colporteur de Livres que j'ai fait mettre à Bicêtre pour avoir diftribué fous le manteau des Ouvrages qui me bleffaient ou me ridiculifaient. C'était un abus de mon crédit.

Je laiffe à mon ancien ami M. Th***, une rente viagere de 500 liv. fur les Poftes. Il a été conftamment mon Apologifte, mon Diftributeur & mon Répertoire. Je lui donne auffi mon Bufte en terre cuite pour me rappeller fans ceffe à fon heureufe mémoire qui n'a jamais tari fur mon compte.

Je légue à Meffieurs D ***, & Da***, mes traités de Morale, de Politique & de Géométrie , pour les réformer & en faire un fupplément au Dictionnaire Encyclopédique, lorfqu'on le réduira à trois volumes. J'en ai fait un auffi en mon particulier, mais celui de M. le Maréchal de Br*** ferait plus curieux & plus amufant, fi ce brave Guerrier defcendait jufqu'à en donner un de fa façon.

Je laiffe à mon ancien Ami & Patron M. Da ***, mes douze Lunettes d'approche que j'ai fait venir de différents Pays, mes Thélefcopes, Mycrofcopes, & mes Prifmes, avec trois Traités que j'ai faits, fur le doute, fur l'Optique & fur les Né-gociations, lorfque je vifais à être traité comme M. Prior. Il a conftamment, en bon ami, diffimulé ou pallié mes torts, au point de fe faire foupçonner à fes propres dépens de me croire impeccable ou au moins excufable.

Je prie M. le Maréchal de R ***, qui m'a toujours aimé & protégé, d'agréer, de ma part, les Arrêts de l'Amour & les Commentaires de Céfar que j'ai traduits & mis en vers, avec un Commentaire à l'ufage des Amans & des Héros, paffés préfens & futurs.

Je laiffe à M. de L ***, ma Garde-Robe toute entiere. Il s'eft toujours montré jaloux de fe parer de mes dépouilles. Il n'eft pas en mon pouvoir de lui laiffer les fpirituelles, mais je lui abandonne les temporelles ; & je fouhaite qu'en les dé-compofant, il tire un auffi bon parti des unes, qu'il aurait pû faire des autres.

Je laiffe à Meffieurs C ***, L *** & le M ***, mes fujets de Piéces efquiffées. J'en ai d'Anglais, d'Efpagnols, d'Allemands, d'Indiens , de Chinois & de tous les Pays du monde ancien & nouveau. Je leur légue aussi mes palettes , mes pinceaux , & je voudrois pouvoir leur léguer mon coloris & mon asur.

Je laisse à M. l'Abbé J *** mon Ecritoire d'argent & mes plumes toutes taillées , afin que par l'emploi religieux qu'il en fera , il les purifie de l'usage profane auquel je les avais consacrées. On ne les reconnaîtra plus entre ses mains.

Je légue à M. l'Abbé A *** , ex-Jésuite & mon fidele Commensal, la Vie de Saint Patrice , Patriarche d'Irlande ; la Vie de S. Ignace de Loyola , & des Généraux de son Ordre ; la Vie des Saints de Ribadeneira , & généralement tout ce qui s'est imprimé depuis vingt ans pour ou contre la Société de Jésus. Ce legs volumineux l'assujettira à louer des greniers immenses ; & pour l'aider dans cette dépense , je lui donne douze Actions de la Compagnie des Indes , afin qu'il tienne encore à quelque Compagnie. La sienne me plaisait fort en jouant aux Echecs, ou quand mon esprit voulait s'égayer. Le Cardinal de Richelieu se déridait avec de

jeunes Chats, moins occupé que ce Mi-
niſtre, mais avec des goûts plus humains,
je trouvais mes délaſſemens avec un ex-
Jéſuite qui n'avait pas conſulté ſa voca-
tion, en s'introduiſant, dès l'âge le plus
tendre, dans un Ordre dont l'eſprit & la
fineſſe étaient la baſe.

Les Lettres miſſives que j'ai écrites &
reçues, formeraient plus de mille volumes. Quelle ample moiſſon pour des
Libraires affamés & eſcrocs ? Je prie M.
A *** de les relire toutes pour s'amuſer,
& de jetter au feu celles où l'on voit
tranſpirer le moindre ſoupçon de galan-
terie, ou d'indévotion. Je ne veux pas
qu'on croye que mes ſublimes recherches
dans les Aſtres ſe bornaſſent au ciel d'un
lit. Les tendres commerces que j'ai pu
entretenir, n'ont eu pour objet que d'é-
lectriſer la matiere par le rapprochement
& la communication des eſprits. Mon
ſang, allumé par une fermentation con
tinuelle, a pu occaſionner en moi des
paſſions violentes, mais le foureau n'é-
tait pas aſſez épais pour ſoutenir impu-
nément la chaleur de la lame ; la délica-
teſſe, la raiſon, la ſobriété, ont été

mes premiers médecins & mes falutaires préfervatifs.

L'Imprimerie eft une efpece de marché public où chacun apporte les denrées de fon cru, ou les marchandifes qu'il a achetées & payées par la peine de les lire. L'on m'a accufé d'avoir quelquefois introduit des richeffes étrangeres dans cette foire ; mais l'imputation était in-jufte. Les fujets que j'ai traités prenaient tellement entre mes mains le ton de la nouveauté, qu'ils pouvaient paffer pour des tableaux originaux. C'était au moins des propres naiffans, dont la libre dif-pofition devait m'être permife jufqu'à une certaine concurrence. Mes peintures étaient toujours vives & brillantes ; mais le Vernis qui les couvrait n'a jamais été affez fort pour en écarter les mouches qui s'y attachaient dans la vue de les falir.

Je laiffe au célebre M. T***, un grand fonds d'eftime pour le dédommager en partie de celle que fes Rivaux ont l'in-juftice de ne lui pas payer. L'on en veut faire une dette de fa fucceffion, & on l'acquittera avec plaifir quand il ne fera plus d'ombrage par fon mérite & fon favoir.

Je lègue à M. de la B ***, mes notes fur les menfonges imprimés. Il y trouvera quantité d'extraits de fes Ouvrages, & des preuves de ma jufte indignation, contre fes infidélités à mon égard.

Le Ciel a femblé former le nom de R *** pour exercer ma patience, ou mon impatience. L'ancien a été mon fléau ; le moderne m'a défolé ; mais l'approche de la mort produit mon indulgence. Je lègue à J. J. R ***, génie élevé & Philofophe indéchiffrable, mes Philtres, mes Liqueurs, mes Ingrédiens, mes Alambics, mes Cornues & l'Univerfalité de ma Pharmacopée. Son Vernis diftilé, fondu & amalgamé avec le mien, ne ferait qu'acquérir un éclat éblouiffant qui aurait un nouveau mérite entre fes mains. Cet enduit fervirait à couvrir les fyftêmes, les paradoxes, les fauffes fpéculations & les inconféquences qu'on peut hafarder avec hardieffe. En employant ce fecret avec art, l'on trouverait plus fûrement le moyen d'inftruire la Jeuneffe, d'attendrir les Femmes & de féduire des

Profélites. C'eft toujours faire un bon rôle que de fe procurer des Partifans & d'être cité. L'enveloppe y contribue plus qu'on ne penfe. L'on cherche plus à s'amufer qu'à s'inftruire.

Je légue à Mademoifelle Co***, aujourd'hui Madame Du***, mon Hiftoire Critique & mes Corrections de tous les Poëtes Français, depuis Louis le Gros, jufqu'aujourd'hui. J'y joins des notes fur la barbarie de leur langage, & fur la complication de leurs idées. Cet Ouvrage eft confidérable & fe vendra bien, par le fecours des foufcriptions. La Légataire & fa poftérité me doivent une éternelle reconnaiffance. C'eft mon efprit feul qui l'a tirée de l'obfcurité & qui l'a dotée; mais fon grand Oncle en a fourni le fonds, & a payé après fa mort les dépens de l'emploi. Le préfent que je lui fais fe mariera naturellement avec l'édition de Corneille, & compofera une bibliothéque auffi agréable qu'utile. Je devais au Pere du Théâtre une bonne Redingote, puifque je troüais fes habits.

J'avais un frere dont la tête était prefque auffi exfervefcente en Profe que la

mienne l'était en Vers, & notre nom
pouvait fe rendre doublement fameux.
Il étincellait d'efprit, & on le foupçon-
nait d'être véhémentement Janfénifte.
Dieu en a difpofé dans le temps où il
aurait pu parvenir à être un des Patriar-
ches de fon Ordre. Je le regrette encore,
mais il me refte d'autres Parens honorables à qui je dois donner des marques
d'une jufte amitié.

Je laiffe à Madame De***, ma niéce,
par forme de prélegs, tous mes Manuf-
crits dont avec un bon efprit elle peut
tirer un grand avantage. Je l'invite à faire
un triage, & à jetter au feu tout ce qu
fe reffent du libertinage, d'un efprit jeune
& des vapeurs d'une philofophie anti-
chrétienne. J'ai quelquefois imité Homere jufques dans fes rêveries. Elle trouvera des matériaux fur toutes fortes de
fujets. La mine eft abondante, & mérite
d'être fouillée pour féparer le métal d'a-
vec l'alliage. Les Contrebandiers, les
Fauxfauniers de la Littérature feront paraître, en contrebande fous mon nom,
des volumes fréquents d'infamies qu'ils
intituleront *Œuvres pofthumes*. Les Li-

braires imagineront cent fourberies pour
furprendre la crédulité du Public, &
mon prétendu porte-feuille fera plus long
à vuider que le cheval de Troye. L'on
me volait pendant ma vie, & l'on me
volera après ma mort, parce qu'on me
croit meilleur à voler qu'un autre : &
c'eft ce que ceux qu'on ne vole jamais
ne peuvent pas fe perfuader. Mon expé-
rience m'a inftruit. L'on me déguifera encore fous cent frontifpices différens; j'invite donc ma Niéce à fe précautionner
contre ces attentats à ma réputation, &
à prévenir le Public, par la voie des
Journaux, fur le nom de l'Imprimeur à
qui elle accordera fa confiance exclufive.
Je l'exhorté à ménager les Cramers : ils
font riches & notre correfpondance a été
profitable aux uns & aux autres. Je dois
cette marque de confiance à Madame
De***, pour prix des foins qu'elle s'eft
donnés auprès de moi. Sa complaifance
ne s'eft pas démentie dans mon bonheur,
dans mes traverfes, dans mes perfécutions & jufques dans mes humeurs. Elle
a époufé mes goûts & flatté mes bifare-
ries. Elle a dégroffi avec douceur, avec

patience, l'éducation de Madame Du***,
qui en avait befoin. Elle s'eft tranfportée
fréquemment au gré de mes defirs. Elle
a renoncé à la vie douce & fédentaire
pour me fuivre dans mes caravanes. Enfin elle a été mon premier Secrétaire, ma
confidente, mon amie & ma confolation ; ainfi ne pouvant plus lui donner
de place dans mon cœur flétri, je dois
au moins lui laiffer la portion d'efprit
qui reftera après moi. Ce que j'ai fait
pour elle jufqu'à préfent, ne remplit pas
le vœu de ma reconnaiffance.

Je donne également à Madame de Fl***,
mon autre Niéce, tous les préfens que
j'ai reçus des Souverains de l'Europe ;
confiftans en Diamans, Tabatieres, Mon-
tres, Portraits, Fourures & autres bi-
joux généralement quelconques. Si la
mode des chaînes d'or eût encore fub-
fifté, j'en aurais plus reçu que l'Aretin,
& ce n'eût pas été au même titre. Ces
offrandes n'étaient que les tributs de l'admiration, & elles doivent être regardées
comme des monumens honorables dans
une famille. Les Grands Hommes, les
Auteurs fur qui l'Europe entiere fixe

fes regards, ne font pas communs en France dans le fiecle où nous fommes. C'eft un petit mouvement de vanité que j'ai acheté affez cher, pour qu'il me foit permis de m'y livrer avec une forte de complaifance.

Je prie M. de Fl*** d'accepter mes étuis de Mathématique & mes Globes, comme une marque de ma confidération finguliere.

L'Abbé Mi***, mon Neveu, a déjà reçu en avancement d'hoirie, des étincelles de ma vivacité. Je lui avais promis mes recherches fur les Femmes célebres, depuis Eve jufqu'à la Préfidente Fillon. J'y joins un fupplément un peu incomplet, jufqu'à nos jours où Madame G *** eft en vogue. Mon Légataire y trouvera des anecdotes plaifantes fur la Cour, la Ville & les Filles de Théâtre. L'emploi de ces matériaux ménagés avec art & avec l'efprit naturel qu'il a, pourra lui mériter l'honneur de me remplacer à l'Académie Françaife. Il a du feu, des connaiffances, & il a déjà fait fes preuves. Il a prêché, il il a écrit avec éloge. Ainfi mes Con-

freres

freres pourraient plus mal choifir. Mon nom d'ailleurs devrait être une Lettre de recommandation en faveur de mon héritier. Il eft des morts qu'on ne devrait jamais oublier.

Je legue à M. Do***, mon petit Neveu, une Terre à fon choix dans ma fucceffion, avec toutes fes dépendances, outre ce que je lui ai déjà affuré : mais j'y attache la condition qu'il n'habitera plus dans les biens qu'il poffède du côté d'Abbeville. Ce Pays m'eft devenu odieux depuis qu'on y a publiquement réduit en cendres le pauvre M. de la B***, qu'une folie de jeuneffe avait fcandaleufement égaré. Cette exécution rigoureufe m'a toujours répugné. Elle a foulevé mes idées & mon tolérantifme, autant que la brûlure de Michel Servet, facrifié par les Théologiens Genevois, à leurs dures & modernes opinions. Hommes infociables ! S. Paul vous a envain prêché la Charité, comme la premiere des Vertus ; vous aimés mieux vos propres penfées que vos propres freres.

Je n'ai jamais été jaloux de la fcience des Capucins, & fi j'ai afpiré aux honneurs

de leur paternité temporelle , c'eſt parce
que je les ai regardés comme des Ou-
vriers Apoſtoliques , dont l'utilité eſt
réelle & journaliere. Je legue à ceux du
pays de Gex mes livres Hébreux , Sy-
riaques , Caldéens , Arabes, & les grands
Ciſeaux damaſquinés dont je me ſervais
pour retrancher mes ſuperfluités. Je n'ai
point ambitionné la pauvreté Séraphi-
que ; ainſi je renonce à être enterré dans
l'habit de l'Ordre , quoique pluſieurs
Grands Hommes ayent eu cette pieuſe
vanité.

Sur le ſurplus de mes biens , j'inſtitue
mes deux Niéces & mon Neveu , mes
Légataires univerſels par portions égales.
Je m'en rapporte à leur prudence ſur la
fixation du nombre de Meſſes & de
Prieres qu'ils feront dire à mon intention. J'eſpere que leur généroſité con-
tribuera à me rétablir dans l'eſprit des
Moines , dont on ſait que j'ai toujours
haï les uns & mépriſé les autres. J'i-
gnore pourquoi on les a ſurnommés *Gens
de main morte.* C'eſt ſans doute une
ironie , puiſqu'il eſt évident que la leur
a toujours été vivante & active pour
la recette.

J'entends que le préfent Teftament foit noblement infinué, pour dédommager les Fermiers Généraux de ce que prefque tous mes Ouvrages, imprimés hors du Royaume, y ont été introduits en fraude & débités fous le manteau, comme mar-chandife de contrebande.

Mon intention était de nommer pour mon Exécuteur Teftamentaire, mon il-luftre Confrere M. le Cardinal de B***, ce Prélat refpeétable, amateur des beaux Arts; mais fon abfence m'engage à choifir le Savant qui fera, lors de mon décès, Secrétaire de l'Académie Françaife. Je le prie d'agréer, pour prix de fa complai-fance, mon gros diamant jaune. Je le tiens d'une main précieufe & exercée par les Graces dans les travaux d'Euclide.

J'ai fait & figné le préfent Teftament, plus vrai que celui du Cardinal de Ri-chelieu, étant auffi fain d'efprit & auffi guai que lorfqu'en prenant mon Caffé, je diftribuais des Poires d'Angoiffe aux Pigmées, qui ofaient encore braver ma vieilleffe. Je conferve le même courage, mais le tableau d'un avenir inconnu me rend, sans tristesse, plus réfléchissant que jamais. A Ferney, ce 10 Juillet 1770.

*Signé A. de V***.*

Heureusement M. de V*** est plein de vic, & l'on souhaite que cet état dure. Il doit pardonner la publicité de cet acte, au juste empressement que le Public a toujours témoigné pour avoir ses Ouvrages. Tous les Grands Hommes ont donné au Public des Testamens politiques, faits par eux-mêmes ou par d'autres. M. de V*** a éprouvé le combat des deux principes; & par la supériorité de ses lumieres, par la sûreté de son goût, il a assigné des places à tous les Auteurs morts ou vivans; ainsi il a justement mérité la qualité éminente d'Introducteur des Ambassadeurs ou de Grand Maître des Cérémonies du Parnasse.

FIN.

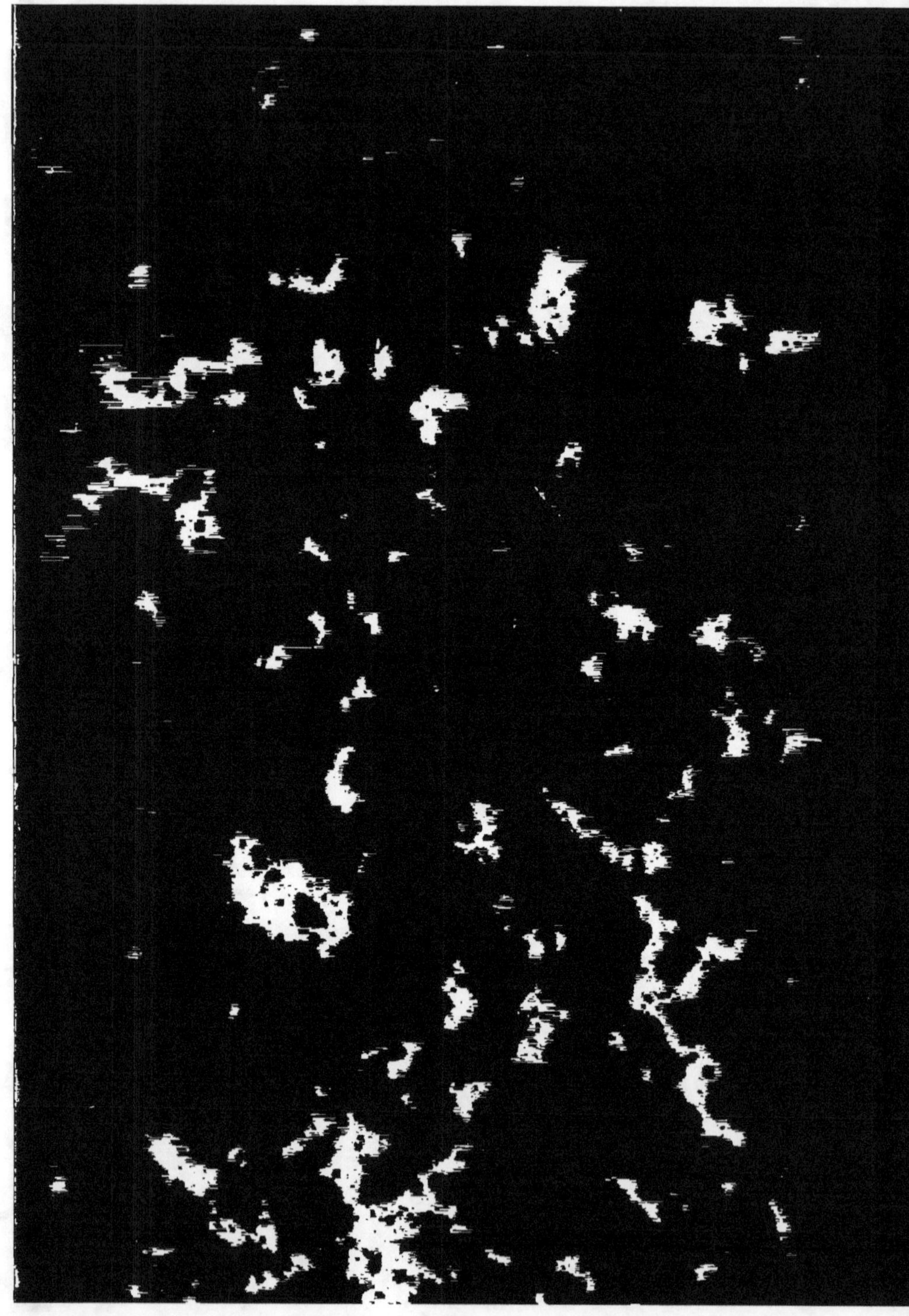